Hiltrud Kier

Via Sacra

Kölns Städtebau und die
Romanischen Kirchen

Mit Fotografien von
Celia Körber-Leupold

zu Fuß

J.P. BACHEM VERLAG
Entdecker Touren

Bildnachweis

Alle Fotos von
Celia Körber-Leupold außer

S. 5: Repro aus R. Schwarz, Das Neue
Köln. Ein Vorentwurf, Köln 1950, S. 5;
S. 6/7, 9, 12 o., 13 u.: Bachem Archiv;
S. 14 u., 16 o., 20, 22: Archiv des
Stadtkonservators, Köln;
S. 26: Zeichnung von W. Wegener,
Kölnisches Stadtmuseum;
S. 27: Repro aus H. Kier, Die Kölner
Neustadt, Düsseldorf 1978, Abb. 103;
S. 30: Aquarell von H. Oedenthal,
Kölnisches Stadtmuseum;
S. 32: Repro aus Kunstdenkmäler der
Stadt Köln 1929;
S. 39: Repro aus Kunstdenkmäler der
Stadt Köln 1911;
S. 46: Repro aus W. Schäfke (Hrsg.),
Johann Peter Weyer, Kölner Alterthümer,
Köln 1993, Abb. XXIV,2.

Umschlagabbildung:
Blick auf den Westbau
von St. Pantaleon.

Bild rechts:
Die Goldene Kammer von St. Ursula
ist ein begehbarer Reliquienschrein.

Bibliografische Information Der Deutschen Bibliothek

Die Deutsche Bibliothek verzeichnet diese Publikation in der
Deutschen Nationalbibliografie; detaillierte bibliografische
Daten sind im Internet über http://dnb.ddb.de abrufbar.

ISBN 3-7616-1704-6

3. Auflage 2005

© J. P. Bachem Verlag, Köln 2005

Einbandgestaltung und Layout: Heike Unger, Berlin

Reproduktionen: Reprowerkstatt Wargalla GmbH, Köln

Druck: Druckerei J. P. Bachem GmbH & Co. KG, Köln

Printed in Germany

ISBN 3-7616-1704-6

www.bachem.de

Inhalt

Wolfgang Pehnt

Via Sacra – Via Profana

Eine Einführung

In Rom durchquert die Via Sacra ehrwürdiges Gelände, das Forum Romanum zwischen dem Kapitolinischen Hügel und dem Titusbogen. An diesen Prozessionsweg zwischen antiken Kultstätten hat Rudolf Schwarz, Kölns Stadtplaner von 1946 bis 1952, gedacht, als er 1950 in seine Broschüre *Das neue Köln* eine Zeichnung aufnahm, die eine Kölner Via Sacra zeigt. Im „Rom des Nordens", wie die Rheinmetropole sich gern nennen ließ, verbindet dieser bogenförmige Weg zwischen mittelalterlicher und römischer Stadtmauer romanische Stiftskirchen von St. Kunibert im Norden bis St. Severin im Süden. Vor der Industrialisierung der Stadt führte er durch Gemüsegärten und Weinäcker.

Das Wort von der Kölner Via Sacra ist eine Erfindung des Kölner Stadtbaumeisters. Zwar spielten Abschnitte dieses Weges im Prozessionswesen, in der „liturgischen Geographie" des Heiligen Köln eine Rolle. Aber der Dom und seine Heiltümer haben die Prozessionen immer wieder auf sich gelenkt, waren Ausgangs- und Endpunkt der heiligen Umzüge. Bei der achttägigen Trauerzeremonie für den später heilig gesprochenen Erzbischof Anno im Jahre 1075 ist die Via Sacra allerdings auch zur Gänze benutzt worden.

Wer heute diesen Weg entlangpilgert, erlebt ein anderes Köln als den repräsentativen Stadtkern zwischen Dom und St. Maria im Kapitol mit seinen bürgerstolzen Bauzeugnissen, dem Rathaus, dem Gürzenich. Zwar begegnet er auch hier Bauwerken, die Schöpfungsbauten der europäischen Architekturgeschichte sind, wie St. Gereon, St. Aposteln und St. Pantaleon. Er entdeckt kleine, verborgene Baudenkmäler aus Mittelalter und Barock, auch anrührende Werke der Nachkriegszeit wie die Kapelle des Priesterseminars, St. Mauritius oder die Franziskanerkirche St. Marien in ihrer zeitgenössisch knappen Sprache. Aber er stößt auch auf kleinbürgerliche Stadtquartiere, in denen sich Alltagsleben – heute in vielen fremden Zungen – mitten in der City abspielt. Und er wird Orte von deprimierender Verwahrlosung nicht übersehen können.

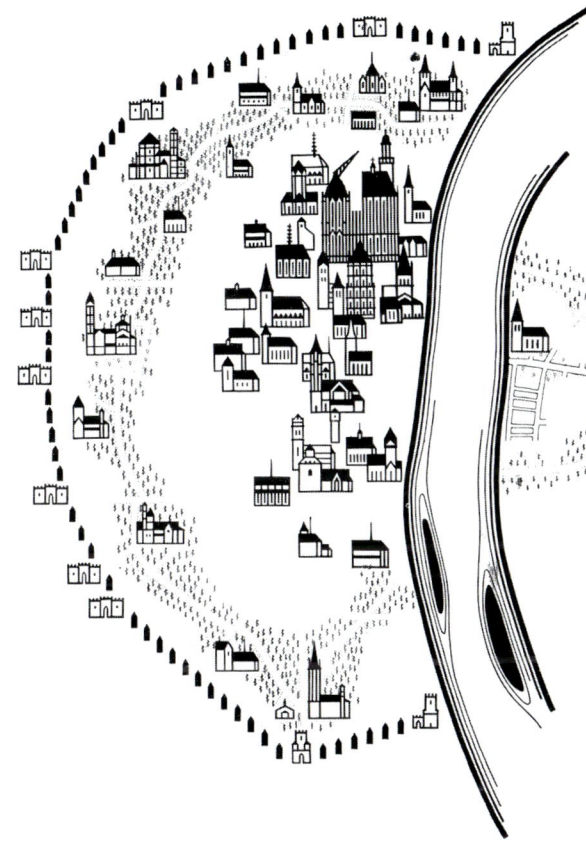

So ist die Via Sacra auch eine Via Profana. Derzeit noch kaum als Zusammenhang wahrnehmbar, erschließt sie die alte Stadt in ihrer großen Ausdehnung, mit ihren Höhen und Tiefen, ihren Konflikten, ihren grandiosen Monumenten und ihren Blechwüsten, Verkehrsschneisen und Schrottplätzen. Manchmal liegen Orte und Unorte nebeneinander. Die Via Sacra ist nicht nur eine Einladung, sich ein oft faszinierendes, oft deprimierendes, also: realistisches Bild der Stadt zu verschaffen. Sie ist auch eine Aufforderung an Bürger und Kommunalpolitiker, sich zu fragen, in welcher Stadt sie leben wollen.

„Ganz deutlich hebt sich der mittelalterliche Mauerring hervor, der den Stadtkern weit draußen umzog und ihm so einen breiten Gürtel von Obst- und Weingärten beifügte, in dem, an einer via sacra aufgereiht, die großen Stifte lagen" (Rudolf Schwarz).

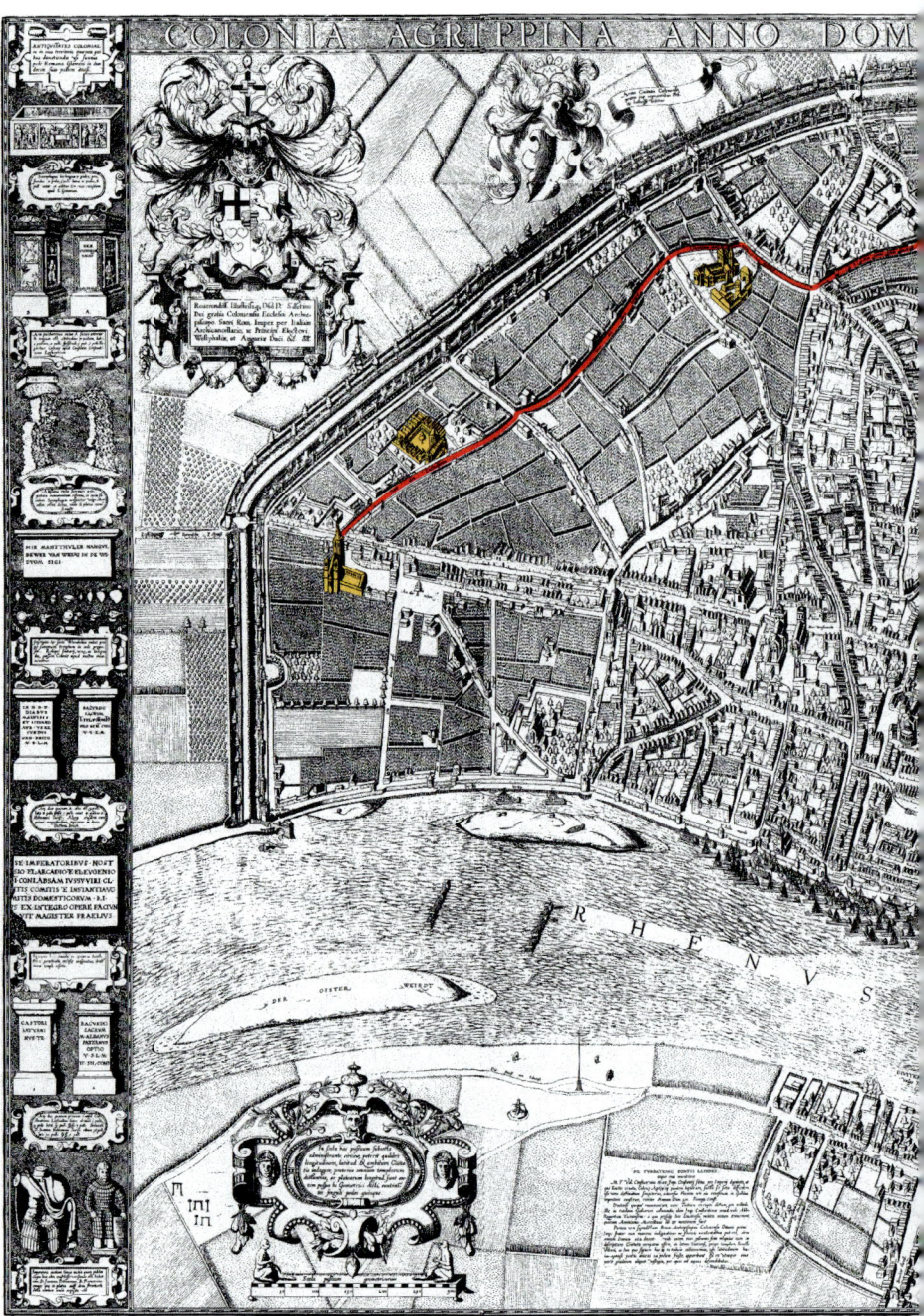

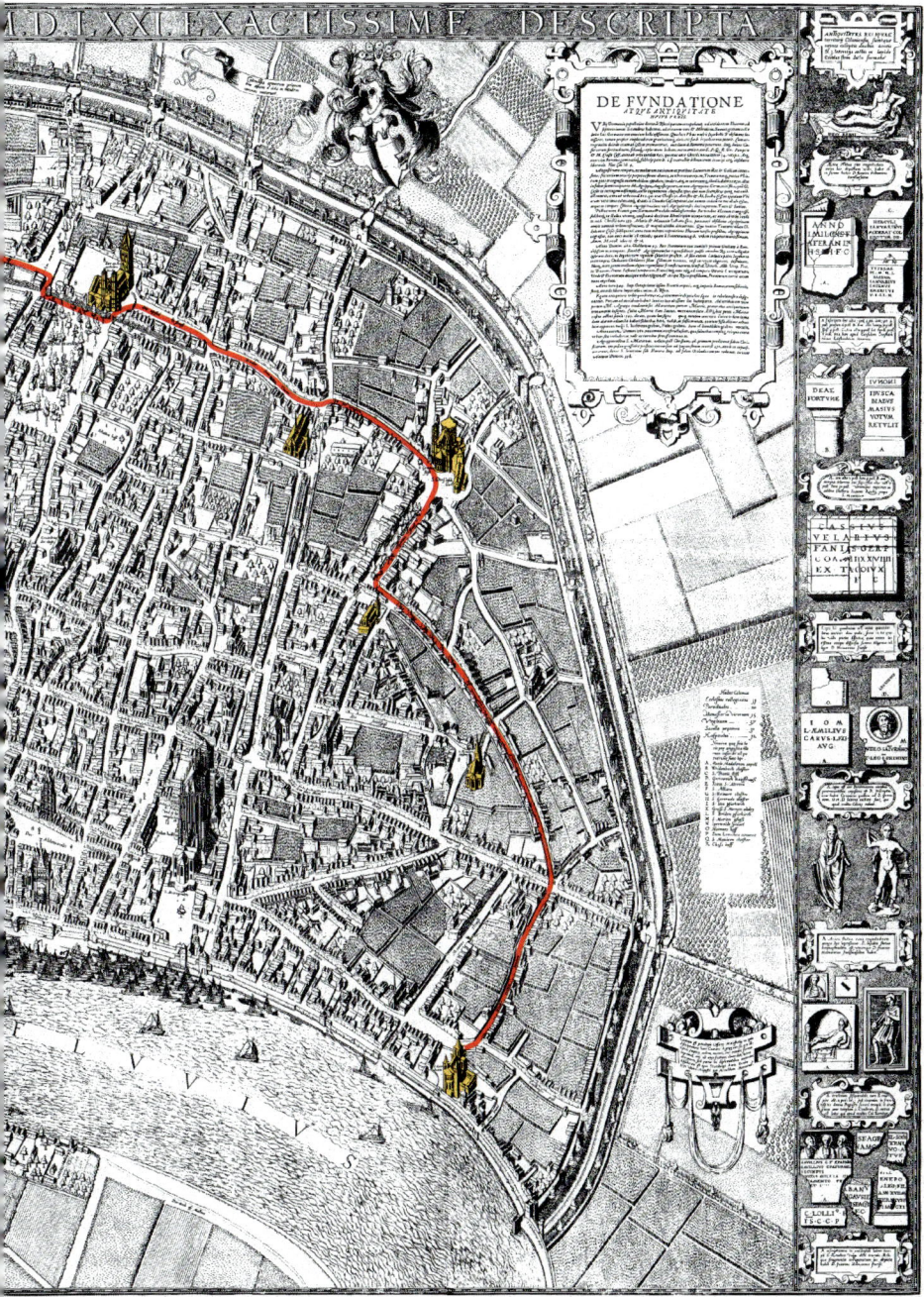

Die Basis
der Via Sacra

Ausgangspunkt der Kölner Stadtentwicklung ist der Rhein, an dessen linken Ufer sich die Römer im ersten Jahrhundert vor Christus ansiedelten. Ihre fast quadratische und nach 50 n. Chr. von einer Mauer umwehrte Stadtanlage *Colonia Claudia Ara Agrippinensium* ist die Grundlage des Kölner Städtebaus bis auf den heutigen Tag und in jedem Stadtplan als Kern klar zu erkennen. Die römischen Hauptstraßen sind bis heute mit Hohe Straße und Schildergasse die zentralen Wegeverbindungen geblieben, wie auch zahlreiche markante Punkte ihre faszinierende Kontinuität von der Römerzeit bis heute behalten haben.

Seit der Römerzeit ist Köln auch zum Rhein ausgerichtet, dessen Arm ursprünglich am Fuß der Römermauer vorbeifloss und vor der Stadt eine Insel aussparte, auf der dann die Speicherbauten des Hafens entstanden. In einer ersten Erweiterung kam im 10. Jahrhundert diese Insel im Osten zum Stadtgebiet, nachdem der Rheinarm versandet war und an seiner Stelle unter anderem der Alter Markt angelegt werden konnte. Die römischen Speicherbauten auf der ehemaligen Insel bildeten die Grundlage für Groß St. Martin. 1106 erweiterte sich die Stadt ein zweites Mal, diesmal nach Süden, Westen und Norden. Dabei wurden die Stifte St. Georg, St. Aposteln, St. Andreas, St. Ursula und St. Kunibert in das Stadtgebiet geholt, das damit erstmals einen Halbkreis beschrieb.

Vorherige Doppelseite:
Mercatorplan von Köln (1571) mit Markierung der Via Sacra.

Mit der dritten Stadterweiterung von 1180 schließlich griff Köln im großen Bogen weit ins Umland und umschloss zusätzlich die großen Stifte und Klöster St. Severin, St. Pantaleon, St. Mauritius und St. Gereon. Mit diesem nunmehr etwa 400 Hektar großen Stadtgebiet war Köln auf jeden Fall die flächenmäßig größte Stadt des deutschen Mittelalters geworden. Die etwa 40 000 Einwohnenden besiedelten aber weiterhin vorrangig das Kerngebiet der alten Römerstadt und der ersten beiden Stadterweiterungen, wie der Mercatorplan von 1571 anschaulich zeigt. So blieb es im Wesentlichen bis zum Beginn des 19. Jahrhunderts. Im großen Bogen war noch bis in diese Zeit umfangreicher Platz für einen grünen Gürtel von Wiesen, Äckern und Weingärten.

Die Dominanz der Ausrichtung zum Rhein seit der Römerzeit führte automatisch zur städtebaulichen Betonung der Rheinfront und der östlichen Stadtteile. Diese wurden zur Basis, die wie eine von Norden nach Süden gespannte Sehne die Bögen aufnehmen konnte, die die mittelalterlichen Stadterweiterungen bildeten. Der Blick auf den Mercatorplan zeigt jenen im 12./13. Jahrhundert zwischen den radial angeordneten Stiften und Klöstern entstandenen Verbindungsweg, den Rudolf Schwarz nach den verheerenden Zerstörungen des Zweiten Weltkriegs wie ein Hoffnungsfanal als die Via Sacra Kölns hervorhob.

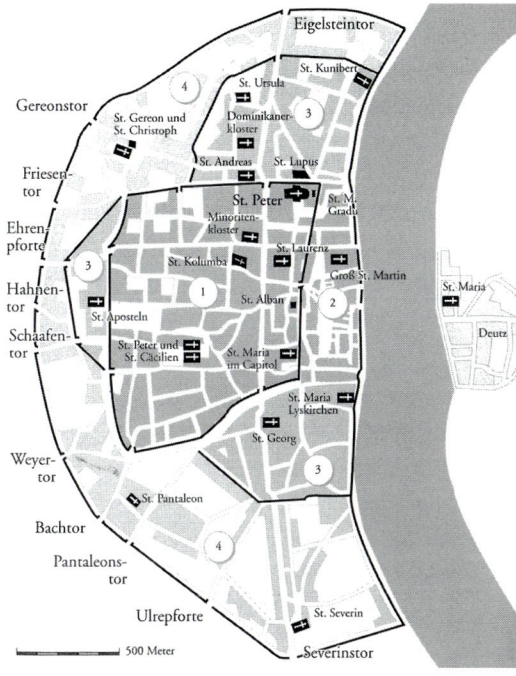

Kölner Stadterweiterungen im Mittelalter.

1: Römerstadt,

2: Erweiterungen vor 956,

3: Erweiterung 1106,

4: Erweiterungen 1180

St. Andreas

Wir nehmen das römische Nordtor, dessen Reste in der Nähe des originalen Standortes auf der Domplatte stehen, als Ausgangspunkt für die Basis der Via Sacra. Vor diesem Tor, das bis 1106 das Stadttor war, entstand „St. Matthäus in fossa", das heißt im Stadtgraben. Im 11. Jahrhundert trat an ihre Stelle die Herrenstiftskirche St. Andreas. Aus dieser Zeit ist die Krypta erhalten, die nach dem Zweiten Weltkrieg ausgegraben wurde. Sie erhielt eine moderne Decke und eine neue Grablege für Albertus Magnus. In der 1. Hälfte des 13. Jahrhunderts entstand der bestehende Bau als dreischiffige Basilika mit markantem achteckigem Vierungsturm. Vom westlich gelegenen Kreuzgang ist der Ostflügel als Vorhalle erhalten. Gotische An- und Umbauten veränderten das äußere Bild der Kirche, während das Innere durch die reichskulptierte Ornamentik und figürliche Kapitelle der Spätromanik bestimmt blieb. Das gotische Glashaus des 1414-20 neu gebauten Chores mit dem schönen Gestühl dieser Zeit erhielt im späten 19. Jahrhundert prachtvolle farbige Glasfenster, da die mittelalterlichen in der Barockzeit verloren gegangen waren. Nach der Verweltlichung (Säkularisation) von 1802 wurde auch St. Andreas Pfarrkirche. Anstelle der Stiftsgebäude entstanden Geldinstitute, von denen der südöstlich errichtete Sparkassenbau von 1957 (Theodor Kelter und Joachim Schürmann) sich ganz bewusst der Kirche unterordnete. Die im Westen und Norden frei gebliebenen Flächen (Andreaskloster) wurden 1992 von Ansgar Nierhoff mit einer achtteiligen Stahl-Skulptur sensibel gestaltet.

oben: St. Andreas. Ehemaliger Kreuzgangflügel mit interessanten Zackenbögen als Vorhalle.
unten: St. Andreas. 1. Hälfte 13. Jahrhundert, Chorneubau 1414-20. Sparkassenbau 1957.
rechts: Römisches Nordtor, östliche Fußgängerpforte.

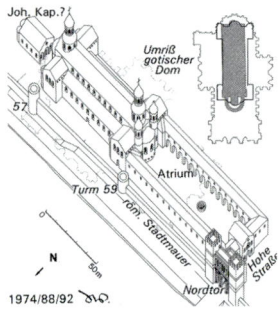

1974/88/92

Alter Dom mit Atrium und
Brunnen. Zeichnung von Arnold
Wolff.

Der Atriumsbrunnen des Alten
Domes in der Tiefgarage.
Dahinter die Fundamente der
gotischen Domfassade.

Der Alte Dom

Gerne wird angenommen, dass hier in der Nordostecke des römischen Köln seit jeher die Kirche des Bischofs war, die im 9. Jahrhundert als monumentaler frühromanischer Bau, dem so genannten Alten Dom, neugebaut wurde und dann im hochgotischen Bau des 13. bis 19. Jahrhunderts gipfelte. Der 870 geweihte Alte Dom war eine dreischiffige Basilika mit zwei Querhäusern und einem westlich anschließenden Atrium. Um die Reste dieses Baus zu sehen, gilt es, in den Kölner Untergrund zu steigen, was innerhalb des Domes (Führungen siehe Domforum) sehr gepflegt und lehrreich ist, auf städtischem Gelände leider (noch) sehr zu wünschen übrig lässt. In der Tiefgarage vor dem Dom (Eingang neben der U-Bahn-Treppe) findet man nicht nur die römische Stadtmauer und Teile der Fundamente des Nordtores, sondern hinter den Auto-Stellplätzen auch den Atriumsbrunnen des Alten Domes. Zusätzlich wäre hier auch noch der Annostollen zu sehen, jener Fluchtweg, den Erzbischof Anno 1074 bei seiner Flucht vor den rebellierenden Kölner Bürgern nutzte.

Es ist eigentlich kaum zu fassen, dass die für die Stadtgeschichte so bedeutenden Anlagen gedankenlos einigen wenigen Parkplätzen für Abgas speiende Autos geopfert wurden und nicht schon längst eine angemessene öffentliche Präsentation mit entsprechenden didaktischen Darstellungen erhielten.

Die Taufkapelle und St. Maria ad gradus

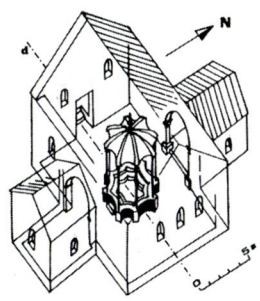

Z u den ebenfalls keineswegs angemessen präsentierten Kostbarkeiten des frühmittelalterlichen Köln zählt die Taufstätte, die sich östlich des Domes aus dem 6. Jahrhundert erhalten hat. Von dieser Kapelle hat vor allem das interessante Taufbecken überdauert, das ein geschwungenes Achteck bildet und innen zwei Stufen aufweist. Es erinnert an die in frühchristlicher Zeit übliche Ganzkörpertaufe. Durch ein Gitter kann man aus dem Domplatten-Loch von außen einen Blick darauf werfen, wobei man sich am besten die Nase zuhält. Denn dieser Ort wird als Ersatz für die in Köln allenthalben fehlenden Pissoirs genutzt, mitunter begleitet vom Plätschern des schönen Dionysosbrunnens von Hans Karl Burgeff (1973). Warum im Zusammenhang mit einem der frühesten öffentlich sichtbaren Zeugnisse des Christentums in Köln ausgerechnet der heidnische Gott Dionysos stehen muss, sollte zumindest verständlich erläutert werden. Der eventuelle Hinweis auf das benachbarte Dionysosmosaik wäre allerdings zu banal.

Taufkapelle, 6. Jahrhundert, mit Taufbecken.

Domherrenfriedhof mit wieder aufgestellten Basen und einer Säule des Atriums von St. Maria ad gradus.

Östlich des Alten Domes ließ Erzbischof Anno (1056-75) die Herrenstiftskirche St. Maria ad gradus errichten, die nach der Säkularisation von 1802 abgebrochen wurde. Diese Kirche war mit dem Domchor durch ein Atrium verbunden, von dem sich im Domherrenfriedhof noch eine Säule sowie drei Säulenbasen an fast originaler Stelle befinden – ihr Standort war früher zwei Meter tiefer.

13

Groß St. Martin. Löwe vom West-
portal.

Groß St. Martin

Der Name von St. Maria ad gradus, das heißt an den Stufen, weist auf die Treppen hin, die in die Rheinniederung führten. Die Kirche war im 19. Jahrhundert abgebrochen worden, um den freien Blick auf den Domchor zu gewähren. In den 1980er-Jahren entstand an ihrer Stelle die Werkstatt des Museums Ludwig und seither führen wieder viele Stufen in einer breiten Treppenanlage hinunter. An ihrem Fuß breitet sich die gartenarchitektonische Brunnenanlage von Eduardo Paolozzi (1986) aus, die den schönen und immer sehr belebten Übergang zum Rheingarten bildet. Seine Anlage wurde durch die Untertunnelung der Rheinuferstraße möglich und schenkte Köln im Zentrum der Stadt vor dem Hintergrund des in alten Proportionen aufgebauten Martinsviertels eine grüne Oase. Das allgemeine Bedürfnis, sie vieltausendfach zu nutzen, steht leider in keinem Verhältnis zur städtischerseits genehmigten Pflege, die der Müll- und Scherbenberge kaum Herr wird. Zusätzlich gibt es die berechtigte Diskussion, dass die leider in den 1980er-Jahren nicht zu verhindernden allzu umfangreichen Baumpflanzungen das so beliebte Bild der Giebelhäuser vom Rhein aus nicht mehr erkennen lassen.

Die ehemalige Benediktiner-Kirche Groß St. Martin entstand an der Stelle der Lager-

häuser, die in nachrömischer Zeit als Kirche weitergenutzt wurden (Ausgrabungszone in der Unterkirche). Der vorhandene Bau wurde 1150-1250 errichtet, wobei sein dreischiffiges Langhaus immer noch auf den antiken Lagerhallen fußt. Der Dreikonchenchor hatte als Vorbild für seine Kleeblattform St. Maria im Kapitol. Der das Rheinpanorama beherrschende Vierungsturm ist ein massiver Quadratblock mit vier schlank wirkenden, achteckigen Ecktürmen, dessen Dominanz durch die 1450/60 hochgezogenen Turmspitzen zusätzlich betont wurde. Es erscheint verständlich, dass Köln nach den verheerenden Beschädigungen des Zweiten Weltkrieges den Wiederaufbau gerade dieses Turmes so schnell als möglich vorantrieb.

Rheingarten mit Blick auf Groß St. Martin und das Martinsviertel. Im Vordergrund die Rheingarten-Skulptur von Eduardo Paolozzi.

links unten: Die Schreinsprozession 1948 anlässlich der 700-Jahrfeier der Gundsteinlegung für den gotischen Dom (15. August 1248) führte durch die Ruinenlandschaft des Zweiten Weltkriegs, hier auf dem Alter Markt. Links im Hintergrund die schwer beschädigte Kirche Groß St. Martin.

oben: Heumarkt um 1900.
unten: Heumarkt heute.

rechts oben: St. Maria Lyskirchen,
erbaut 1. Hälfte 13. Jahrhundert,
Apsis erneuert 1658-62.

rechts unten: Hiob im Unglück.
Detail der Gewölbemalereien in
St. Maria Lyskirchen aus der Mitte
des 13. Jahrhunderts.

Der Heumarkt

Der Rheingarten endet abrupt an der Rampe der Deutzer Brücke, die vor knapp hundert Jahren einen der bedeutendsten Plätze Kölns, den Heumarkt, an seiner rheinseitigen Längsseite rammte. Diese Wunde war noch keineswegs geschlossen, als mit der Ost-West-Achse in den 1930er/40er-Jahren die gegenüberliegende Längsseite des Platzes aufgerissen wurde. Die Bomben des Zweiten Weltkriegs besorgten dann den Rest.

Der Wiederaufbau der Häuser erfolgte anfangs in alten Proportionen und Umrissen. Allein das Spätrenaissance-Haus „Zum St. Peter" von 1568 kündet noch von der einst auch architektonischen Pracht des großen Platzes, den Reiseberichte des frühen 17. Jahrhunderts als den nach dem Markusplatz schönsten Platz Europas priesen. Hatte Rudolf Schwarz noch 1946 versucht, eine den Heumarkt schonende Planung durchzusetzen, so wurde danach eine wahre Verkehrsorgie installiert. Mit dem Bau des hoch aufragenden Maritim-Hotels 1987-89 verließ man leider die bisher respektierten Proportionen, auch wenn es gelang, den Bau auf die alte Baulinie zurückzudrängen, um wenigstens den seit dem 11. Jahrhundert in seiner Größe überlieferten Platzraum zu retten. Die Wiederaufstellung des Königsdenkmals von Gustav Bläser (1872-78), das die Platzmitte markiert, war dabei hilfreich.

St. Maria Lyskirchen

Wenn man unter der Rampe der Brücke durchgeht, kommt man zu der kleinen romanischen Kirche St. Maria Lyskirchen. Hinter dem dunkelroten Küsterhaus sieht man die Apsis und rechts davon einen Turm. Wer genauer hinsieht, merkt, dass es auch links von der Apsis einen Turm geben sollte, der aber über die beiden unteren Geschosse nicht hinausgekommen ist. St. Maria Lyskirchen hätte sich, ähnlich wie St. Kunibert im Norden und St. Severin im Süden, mit einer doppeltürmigen Chorfassade zum Rhein wenden sollen. Im Gegensatz zu ihren großen und reichen Schwestern unter den Romanischen Kirchen ist die Pfarrkirche St. Maria Lyskirchen keine Stifts- oder Klosterkirche gewesen, die erst nach der Säkularisation von 1802 Pfarrkirchen wurden.

Die dreischiffige Emporenkirche aus der 1. Hälfte des 13. Jahrhunderts, die das für die romanischen Kirchen einst selbstverständliche farbige Erscheinungsbild im Äußeren zeigt, birgt vor allem im Inneren mit den Gewölbemalereien einen ganz seltenen Schatz. Ihr Programm zeigt die Gegenüberstellung von Szenen des Alten und Neuen Testaments, die typologisch aufeinander bezogen sind. So entspricht etwa die Darstellung der alttestamentlichen Szene von Hiob im Unglück der neutestamentlichen der Geißelung Christi. Die Kirche steht am tiefsten Punkt des Rheinufers und leidet daher immer wieder unter den Hochwassern. Einige sind an der Westfassade markiert, darunter das mit Eisgang verbundene von 1784, dessen Höhe an dem Querstrich über dem Portal zu sehen ist.

St. Maria im Kapitol

uf dem Weg von St. Maria Lyskirchen über den Filzengraben (unter dem der Duffesbach kanalisiert ist) zur Rheingasse sieht man das romanische Overstolzenhaus. Es ist das letzte der zahlreichen repräsentativen Handelshäuser, die Kölns Profanbau einst dem romanischen Sakralbau ebenbürtig machte. Steigt man dann die Treppe an der Plektrudenstraße zu St. Maria im Kapitol hinauf, so merkt man das steil abfallende Ufer zum Rhein, auf dessen Anhöhe die Römer ihren Staatsbau des Kapitolstempels errichteten und mit der säulengeschmückten Fassade zum Rhein ausrichteten. Das intime Plätzchen beim Chor der Kirche vermittelt noch etwas von der Geschlossenheit eines römischen Tempelbezirkes. Sein Name Lichhof, das kommt von Leichenhof, erinnert dagegen an die spätere christliche Nutzung, die am Ende des 7. Jahrhunderts durch die fränkische Fürstin Plektrudis begann. Das Dreikönigenpförtchen, das vom Marienplatz zum Lichhof führt, tradiert mit seiner schönen Figurengruppe die Übertragung der Reliquien der Heiligen Drei Könige, die der Legende nach durch diese Pforte kamen.

St. Maria im Kapitol ist eine um 1040 bis 1065 errichtete dreischiffige Basilika mit Dreikonchenchor, der sich ähnlich monumental wie die Front des römischen Tempels zum Rhein ausrichtet. Äbtissin Ida, eine Enkelin Kaiser Ottos II. und Kaiserin Theopha-

St. Maria im Kapitol (11. Jahrhundert) von Norden mit den Altenwohnungen von Hanns Schäfer (1969).

nus, erstellte diesen Bau, dessen dominantes Mittelschiff von schmalen Seitenschiffen begleitet wird, die sich als Umgang um das kleeblattförmige Chorhaupt ziehen. Dieser Dreikonchenbau ist das erste Beispiel einer innovativen Bauform, die in dem nachfolgenden Jahrhundert wiederholt variiert wurde (in Köln vor allem in Groß St. Martin und St. Aposteln). Ob diese spezielle kleeblattförmige Grundrissgestalt ihr Vorbild in dem Chor der Geburtskirche in Bethlehem hat oder ob es in Köln zu einer unabhängigen Neuschöpfung kam, bleibt eine offene Frage. Den kaiserlichen Anspruch der Stifter dokumentiert auch die großartige Hallenkrypta, die der des salischen Dombaus in Speyer verpflichtet ist.

Der neu aufgebaute Dreikonchenchor von St. Maria im Kapitol mit dem Lichhof und der Figur der Trauernden von Gerhard Marcks (1946-49).

Die monumentale Westturmgruppe des 11./12. Jahrhunderts war im Äußeren seit dem 17./18. Jahrhundert reduziert und wurde nach dem Zweiten Weltkrieg durch einen schlichten Backsteingiebel ersetzt. Im Inneren aber birgt der Westbau mit seiner Empore unverändert ein weiteres Zitat kaiserlichen Anspruchs. Die Öffnung dieser Empore ist mit ihrer Arkade, die mit einer zweiteiligen Säulenstellung geschmückt ist, eine Bezugnahme auf die Emporen der Pfalzkapelle Karls des Großen in Aachen. Von der Ausstattung des 11. Jahrhunderts hat sich die großartige Holztür mit den Szenen aus dem Leben Jesu erhalten.

Die großen Straßendurchbrüche

I n den 1920er-Jahren war das Thema von Stra-
ßendurchbrüchen am Widerstand von Ober-
bürgermeister Adenauer gescheitert. Nach seiner Entlassung im März 1933 erhielten aber die
Verkehrsplaner freie Bahn. Ein Straßendurchbruch
in Ost-West-Richtung wurde bis zum Kriegsbeginn
im Herbst 1939 als Trasse fertig gestellt. Das Foto
des Modells von 1943 zeigt im Vordergrund den
vergrößerten Rudolfplatz ohne Opernhaus. Die Bebauung war sechsgeschossig mit Walmdächern vorgesehen. Ein Campanile am Heumarkt sollte dort ein

Das Achsenkreuz der Ost-West-
Achse und der Nord-Süd-Achse
im Modell von 1943.

neues Rathaus zieren. Im rechten Winkel zur Ost-West-Achse war die Nord-Süd-Achse geplant. Der große Platz am Schnittpunkt der beiden Achsen war als Standort für ein neues Theater vorgesehen. Als Traditionsinsel wurde das Gebiet rund um Groß St. Martin belassen und einer aufwendigen Sanierung unterzogen.

Nach dem Zweiten Weltkrieg, dessen Folgen angesichts der Planungen der 1930er/40er-Jahre fast den vorgesehenen Umstrukturierungen gleichkamen, bemühte sich Rudolf Schwarz um Bewahrung Kölner Traditionen bei gleichzeitiger Berücksichtigung des Individualverkehrs. Er behielt die Straßendurchbrüche grundsätzlich bei. Seine romantische Vorstellung, dass die Verkehrsschneisen die Wohnviertel ähnlich wie im Mittelalter die Stadtmauern umschließen könnten, wurde vom rasch ansteigenden Verkehrsvolumen im wahrsten Sinne des Wortes überrollt. Dies betraf vor allem seinen vergeblichen Wunsch, zur Schonung von St. Maria im Kapitol und Heumarkt die Ost-West-Achse an der Nord-Süd-Achse enden zu lassen.

Die Bebauung der beiden großen Straßenzüge (etwa 5-6 Kilometer) erfolgte schrittweise. Nur an einigen Stellen ist die städtebauliche Absicht der frühen Planungen im positiven Sinne zu sehen: an der Hahnenstraße mit den Pavillonbauten, an der Umbauung von St. Maria im Kapitol, am Offenbachplatz, an der Kreuzung mit den Bächen, an der Ulrepforte.

oben: Die Kreuzung der Nord-Süd-Achse mit dem Blaubach. Die Bauten von Finanzamt (1955/56) und Friedrich-Wilhelm-Gymnasium (1957) sind bewusst gestaffelt und in Grünanlagen integriert.

unten: Offenbachplatz mit Opernhaus und gegenüberliegender Bebauung (1954-60) nach Gesamtkonzept von Wilhelm Riphahn – der schönste Platz des Neuaufbaus von Köln.

St. Cäcilien und
St. Peter

S o gelungen die Nachkriegsumbauung von St. Maria im Kapitol ist, so wenig erfreulich ist der Weg von hier zu St. Cäcilien und St. Peter. Einer der bedauerlichsten Fehler ist die Vernachlässigung der Sternengasse als einer wichtigen Straße, wo einst die Familie Jabach wohnte, Peter Paul Rubens seine Kindheit verbrachte und die hier im Exil weilende französische Königin Maria von Medici 1642 starb. Nur die schöne Gedenktafel von Karl Burgeff am Postgebäude weist noch darauf hin. An der Nord-Süd-Fahrt endet der östliche Teil der Sternengasse abrupt, ihre Fortsetzung jenseits der Autotrasse wurde in Leonhard-Tietz-Straße umbenannt.

St. Cäcilien (rechts) und St. Peter (links) in einer Vorkriegsaufnahme, die die früher reichen Dachformen zeigt.

Die ehemalige Damenstiftskirche St. Cäcilien und die Pfarrkirche St. Peter sind die einzig erhaltene Kirchenfamilie, wie sie bis zur Säkularisation vielfach bestanden. Die Stifts- und Klosterkirchen dienten nämlich vor allem den Konventen, während die Seelsorge der Bevölkerung in eigenen Pfarrkirchen daneben erfolgte. Nach der Aufhebung der Stifte und Klöster (1802) wurden ihre größeren und prächtigeren

Kirchen den Pfarren überlassen, die ihre Bauten abrissen (zum Beispiel St. Christoph bei St. Gereon oder St. Jakob bei St. Georg). Da St. Cäcilien Hospitalkirche wurde, blieb die alte Pfarrkirche St. Peter daneben erhalten.

Beide Bauten wurden im Zweiten Weltkrieg schwer beschädigt. Der Aufbau reduzierte das Äußere und zeigt heute die stark vereinfachten Dachformen. Auch das Innere wurde verändert. St. Cäcilien, etwa 1100 bis 1170 als dreischiffige Pfeilerbasilika mit flach gedecktem Mittelschiff und gewölbten Seitenschiffen entstanden, wurde in dieser Form aufgebaut und beherbergt seit 1956 das Museum Schnütgen. St. Peter, im 16. Jahrhundert als dreischiffige Pfeilerbasilika mit polygonaler Apsis und den für eine Pfarrkirche charakteristischen Emporen neugebaut, musste beim Aufbau (zunächst) auf das schöne Netzgewölbe verzichten. Die im Mittelschiff bewahrten Gewölbeauflager halten allerdings die Hoffnung wach, dass darauf wieder das Gewölbe entstehen wird – wenn sich in dieser wichtigen Pfarrkirche eines Tages ein interessierter Bauherr und ein begabter Statiker begegnen werden. Die kürzlich erfolgte Neugestaltung schuf eine elegante weiße Hülle für die hier stattfindenden sehr verdienstvollen Ausstellungen zeitgenössischer Kunst.

Das Museum Schnütgen in St. Cäcilien. Neugestaltung 2003.

oben: St. Georg. Inneres des Westchors von 1180-88.

unten: St. Georg am Waidmarkt, wo früher die Pfarrkirche St. Jakob stand.

St. Georg

Am Weg nach St. Georg kann man an der Kreuzung Nord-Süd-Fahrt und Blaubach gut die städtebauliche Konzeption dieser Straßen erkennen: Um dem Maßstab der Autofahrer zu entsprechen, wurden die Bauten gestaffelt in Grünanlagen gesetzt (Abb. S. 21). Nach Rudolf Schwarz' Planungsidee sollten die Straßendurchbrüche keineswegs Korridorstraßen mit direkt angrenzender hochgeschossiger Bebauung werden. St. Georg liegt, ähnlich wie St. Andreas im Norden, direkt hinter einem römischen Stadttor, dem Südtor. Hier war zum Schutz der Straße nach Süden eine römische Wache, die dann zu einer Kapelle umgebaut wurde. Deren Altarstandort blieb bis heute bestimmend. Erzbischof Anno II. errichtete 1059-67 die dreischiffige Säulenbasilika, die um 1150 gewölbt wurde und 1180-88 den monumentalen Westchor erhielt. Dieser im Äußeren ungewöhnlich blockhafte Baukörper sollte wohl ursprünglich einen Turmaufbau tragen. Das Innere dieses Westbaus ist in eine zweizonige Nischen- und Fensterarchitektur aufgelöst, die mit einem jeweils großen mittleren Bogen und zwei begleitenden kleineren an römische Toranlagen erinnert. Gerne möchte man die Lage der Kirche beim Südtor für diesen ungewöhnlichen Entwurf in Anspruch nehmen. Die Restaurierung des Inneren von 1928 bis 1930 (Clemens Holzmeister) setzte mit der Sachlichkeit ihrer Stein- und Putzsichtigkeit im Zusammenspiel mit starkfarbigen Fenstern (Jan Thorn-Prikker) die Maßstäbe für die Purifizierung romanischer Kirchen im weiteren Verlauf des 20. Jahrhunderts.

St. Johann Baptist

St. Johann Baptist. Neuaufbau 1960-63 durch Karl Band mit schreinartig überhöhtem romanischem Mittelschiff und neuem Westturm in Backstein.

Diese wichtige Pfarrkirche an der Severinstraße wurde aus einem romanischen dreischiffigen Emporenbau im Laufe der nachfolgenden Jahrhunderte durch weitere Anbauten von Seitenschiffen zu einer malerischen Baugruppe erweitert. Nach den schweren Kriegsschäden betonte aber der Aufbau (1960-63 durch Karl Band) die vier Mittelschiffjoche des romanischen Kerns, die wie ein erhöhter Reliquienschrein herausgehoben wurden. Ein neuer romanisierender Turm entstand weiter westlich. Durch Verwendung von Backstein-Sichtmauerwerk setzt er sich ganz bewusst vom Baukörper der Kirche ab. Im Inneren entstand im Ausmaß des ehemaligen dreischiffigen romanischen Baus eine Saalkirche, die zeltartig von einer Holzdecke überspannt ist. Aus ihrer Mitte erhebt sich der weiß gestrichene romanische „Schrein" (mit beibehaltenem gotischem Gewölbe), in dem der neue Altar Aufstellung fand. Die freigestellten Arkaden- und Emporenöffnungen geben die für die Wahrnehmung der Liturgie notwendige Transparenz. Es entstand vor allem im Inneren einer der interessantesten und schönsten kirchlichen Räume der Kölner Nachkriegszeit.

Die Via Sacra

Die Kölner Stadtmauern. Im Zentrum das römische Köln (I), die erste Stadterweiterung (II) im 10. Jahrhundert nach Osten (hier unten), die zweite Stadterweiterung (III) 1106 nach Süden, Westen und Norden, die dritte Stadterweiterung (IV) mit der großen Mauer von 1180 bis 1220. Zeichnung von Walter Wegener 1950 (Kölnisches Stadtmuseum).

D ie Via Sacra ist kein mittelalterlicher Prozessionsweg, sondern eine städtebauliche Vision von Rudolf Schwarz nach den Verheerungen des Zweiten Weltkriegs. Die militärische Strategie der Deutschen, den Feind durch Zerstörung seiner kulturellen Identität zu treffen und dadurch zu zermürben, hatte zunächst zur Bombardierung der historischen Zentren von London, Coventry oder Rotterdam geführt, sich dann aber in schrecklicher Weise gegen Deutschland gekehrt. Köln gehörte zu den deutschen Städten, die dafür besonders büßen mussten. Angesichts der Trümmerberge wird verständlich, dass es 1945 auch Überlegungen gab, die Stadt anderswo, auf der grünen Wiese, neu zu bauen. Da war es insbesondere Rudolf Schwarz, der immer wieder Kölns große Vergangenheit beschwor und die Kraft aufspürte, die den Ruinen der schwer geschundenen alten Stadt entströmte. Vor allem die mittelalterlichen Kirchen sah er als die wichtigen Mittelpunkte an. So schuf der Stadtplaner die entscheidende Grundlage für einen im Wesentlichen dem alten Stadtgefüge verpflichteten Aufbau von Köln, dem sich die bereits geplanten Straßen-

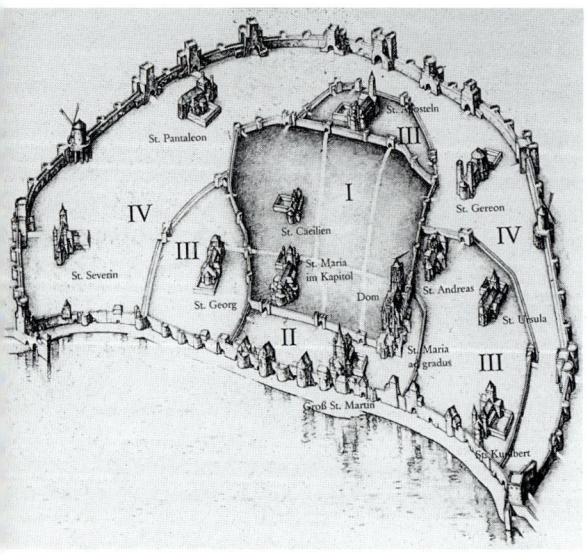

durchbrüche in neuen For-
men eingliedern sollten (siehe
S. 20/21).

Seine Vision einer Via Sacra,
deren Halbrund sich parallel
zum großen Mauerring von
1180-1220 ergab, wollte das
Augenmerk von der (römi-
schen) Kernstadt auf die mittelalterliche Dimension der
gesamten Altstadt lenken
und zugleich die städtebauliche Verantwortung dafür
betonen – ein Hinweis, der
bis heute nichts von seiner
Aktualität verloren hat.

Das Severinstor, das nach 1237
entstand (Geschützkammern nach
1469), zeigt in seinem achteckigen Aufbau die architektonische Nähe zum polygonalen
Chor von St. Severin. Die schöne
Anlage des Chlodwigplatzes
entstand 1886-88. Foto um 1890.

Diese Via Sacra, um deren Wieder-Bewusstma-
chung wir uns aus genau diesem Grund bemühen,
wurde von Rudolf Schwarz nur schemenhaft vorge-
geben (siehe S. 5). Ein Blick auf den Mercatorplan
(S. 6/7) aber zeigt sehr schnell ihren Verlauf, der
sich im Stadtgrundriss von heute wiederfinden lässt
und den Weg von St. Severin bis St. Kunibert auf-
zeigt: Severinskirchplatz, An St. Magdalenen, Kartäusergasse, Vor den Siebenburgen, Am Pantaleonsberg, Am Weidenbach, Mauritiussteinweg,
Apostelnkloster, Apostelnstraße, St. Apernstraße,
Steinfeldergasse, Gereonsdriesch, Gereonskloster,
Gereonsstraße, Kardinal-Frings-Straße, Eintrachtstraße, Ursulakloster, Ursulaplatz, Eigelstein, Unter
Krahnenbäumen, Turiner Straße, Machabäerstraße,
An der Linde. Dieser Weg der Via Sacra verbindet
bedeutende Kirchen ebenso, wie er städtebaulich
Geglücktes zeigt und jene Strecken nicht auslässt,
die eine städtebauliche Bußwallfahrt sind.

St. Severin

Die Severinstraße ist der südliche Teil der römischen Nord-Süd-Verbindung, wo ein großes Gräberfeld lag. Aus einer kleinen Kapelle des 4. Jahrhunderts auf diesem römischen Südfriedhof entwickelte sich im Laufe der Jahrhunderte die Kirche. In ihrem Chor von 1230-37 hatten die Stiftsherren ihr schönes und heute noch erhaltenes Gestühl, während das Langhaus bereits im Mittelalter der Pfarre diente und wohl nicht zuletzt deshalb im 14. und 15. Jahrhundert umfassend erweitert wurde. Der massive Westturm entstand 1393 bis 1411. Der hier verehrte Heilige ist Bischof Severin, von dem im 6. Jahrhundert erzählt wird, er sei im Jahre 397 durch Engelgesang informiert worden, dass im fernen Tours der hl. Martin gestorben sei.

St. Severin, erbaut vom 9. bis zum 15. Jahrhundert. Dem mächtigen gotischen Westturm an der Eingangsseite antwortet die auf den Rhein ausgerichtete Doppelturmfassade des romanischen Chores.

Die einheitlich wirkende, dreischiffige gotische Basilika mit Westturm, östlichen Querhausarmen und romanischem Langchor über der Krypta lässt kaum etwas von der komplizierten Baugeschichte ahnen. Die (polygonale) Apsis mit den flankierenden Chortürmen, deren markante Spitzhelme im 14. Jahrhundert aufgesetzt wurden, gehört zum Typus der auf den Rhein ausgerichteten Chorfassaden. Seit der Säkularisation von 1802 ist St. Severin ausschließlich Pfarrkirche und bis heute Mittelpunkt eines der lebendigsten Viertel von Köln, das viel von seiner alten Bausubstanz bewahren und auch die Neubauten in die vorgegebene Struktur einpassen konnte. Der schön und einfach gestaltete Severinskirchplatz zeigt vor dem Portal der Kirche das ursprünglich in ihrem Inneren überlieferte Labyrinth.

Die Kartause

D er Weg führt zunächst über die Straße An St. Magdalenen, deren Name an diese abgebrochene Kirche erinnert. Weiter geht es durch die Kartäusergasse, wo das Krankenhaus der Augustinerinnen, das *Severinsklösterchen*, Zeugnis davon ablegt, dass bei der vor kurzem erfolgten Planung und dem Umbau dieses Komplexes niemand daran dachte, dass die dabei verfestigte Hinterhof-Situation hier nicht angemessen ist. Die Neubebauung auch dieses Altstadtviertels war nach dem Zweiten Weltkrieg mit schlichten viergeschossigen Häusern als bewusste Herabzonung (siehe S. 34) gegenüber der Bauhöhe des 19. Jahrhunderts erfolgt. Es ist dringend zu hoffen, dass mit der Erhaltung und Renovierung von Häusern des 19. Jahrhunderts nicht die Versuchung entsteht, die schlichte Nachkriegsbebauung aufzustocken!

Die Kartäuser hatten sich, ihrem Wunsch nach Weltabgeschiedenheit entsprechend, 1335 am damals weitgehend noch unbesiedelten Südrand der Stadt niedergelassen, wo eine kleine Barbara-Kapelle stand. Deren Patrozinium übernahmen sie für den Neubau ihrer Kirche (1365–93). Der schlichte kreuzrippengewölbte Saalbau und der polygonale Chor sind unter einem lang gestreckten Satteldach zusammengefasst und mit dem bei diesen gotischen Schlichtbauten üblichen Dachreiter geschmückt. Die Kirche und die erhaltenen Konventsgebäude der Kartäuser, die in Köln bei der Abwehr der Reformation eine ganz entscheidende Rolle gespielt hatten, wurden seit 1922 den Evangelischen in Köln überlassen.

oben: Die ehemalige Kartäuserkirche St. Barbara, 1365-93 erbaut, ist seit 1922 evangelische Pfarrkirche.

unten: Kartäusergasse mit schlichter Bebauung der 1950er-Jahre. In der Jakobstraße ein höheres Haus des 19. Jahrhunderts.

2

Vor den Siebenburgen

Beim Überqueren der Nord-Süd-Fahrt, deren südlicher Abschnitt hier die Ulrichgasse ist, kann noch einmal bewusst werden, wie das Nachkriegskonzept für ihre Bebauung aussah: Entgegen der Planung des Dritten Reichs sollten die großen Straßendurchbrüche keine Korridorstraßen mit vielgeschossiger Bebauung werden, sondern von gestaffelten Bauten in Grünflächen gesäumt werden, wie es die links zu sehende Berufsschule, erbaut 1949–53 von Hans Schumacher, in hervorragender Weise zeigt, während der rechts zu sehende vielgeschossige neueste Bau dem Konzept des Dritten Reichs entspricht.

Wie der Straßenname überliefert, waren hier früher *sieben Burgen*, wie sie auf dem Mercatorplan (S. 6/7) zu sehen sind. Diese Gutshöfe waren Teil der landwirtschaftlichen Nutzung, die das weite Rund des Kölner Stadtgebietes bis ins 19. Jahrhundert prägte. So wurde der Girshof erst 1843 abgebrochen, als das Gelände für den Bau des Pantaleonsbahnhofs als damaligem Endpunkt der Köln-Bonner Eisenbahn benötigt wurde. Ein schönes Aquarell, das H. Oedenthal vor dem Abbruch machte, dokumentiert diese Anlage, die mit ihrem Stufengiebel und dem polygonalen Turm dem Typus der Kölner Herrenhäuser des 16./17. Jahrhunderts entspricht.

Der Girshof in der Straße Vor den Siebenburgen. Aquarell von H. Oedenthal 1843 (Kölnisches Stadtmuseum).

St. Maria vom Frieden

D as Karmeliterinnenkloster St. Maria vom Frieden ist noch nicht auf dem Mercatorplan von 1571 zu sehen, denn es entstand erst im 17. Jahrhundert anstelle einer der *Burgen* an der Ecke zur Schnurgasse. Die 1637 aus den südlichen Niederlanden eingewanderten Nonnen erhielten 1642 als Vermächtnis der in Köln gestorbenen französischen Königin Maria von Medici eine Schwarze Madonna, deren Wundertätigkeit ihnen schnell Zulauf brachte, so dass 1643 mit dem Bau begonnen werden konnte.

St. Maria vom Frieden (Weihe 1692) ist in Köln der vom italienischen Barock am meisten beeinflusste Bau, dessen hochbarocker Schmuckreichtum nichts von der eigentlich vielbeschworenen Askese dieses Ordens erkennen lässt. Die 1716 vollendete Fassade mit der Pilastergliederung, dem Volutengiebel und der betonten Mittelachse birgt in der dominierenden Mittelnische die Figur der Regina Pacis, das heißt der Maria vom Frieden.

Karmeliterinnenkirche St. Maria vom Frieden (geweiht 1692). Fassade 1716 vollendet, Renovierung 1986.

Die schweren Beschädigungen des Zweiten Weltkriegs sind fast vollständig behoben. Ein barocker Hochaltar von 1725 konnte aus der evangelisch gewordenen Georgskirche in Kindberg (Österreich) erworben werden. Auch die verbrannte Schwarze Madonna wurde durch eine neue Figur ersetzt. Sie soll aus derselben Eiche wie die ursprüngliche geschnitzt sein – auf jeden Fall aber mit translozierter Wundertätigkeit. Allerdings ist die Schwarze Mutter Gottes in der ehemaligen Karmeliterinnenkirche in der Kupfergasse wegen ihres innerstädtischen Standortvorteils in Köln sehr viel präsenter.

St. Pantaleon

Der Weg an der Straße Am Pantaleonsberg führt an einer hohen Mauer vorbei, hinter der sich die dem hl. Pantaleon geweihte Kirche und das ehemalige Benediktinerkloster befinden, dessen Gebäude weitgehend maßstabsgerechte Neubauten sind. Dies ist in der Kölner Altstadt die einzige *Immunität*, die noch das Erscheinungsbild einer solchen Klosteranlage zeigt, die mit Kirche, Konventsgebäuden und Grünflächen von einer schützenden Mauer umgeben ist. Wer durch die Tore in den Stifts- oder Klosterbezirk eingelassen wurde, war damals für die Öffentlichkeit unangreifbar, war

Ansicht der Benediktinerabtei St. Pantaleon um 1630 mit der Klosterkirche und den Konventsgebäuden, umgeben von der Immunitätsmauer.

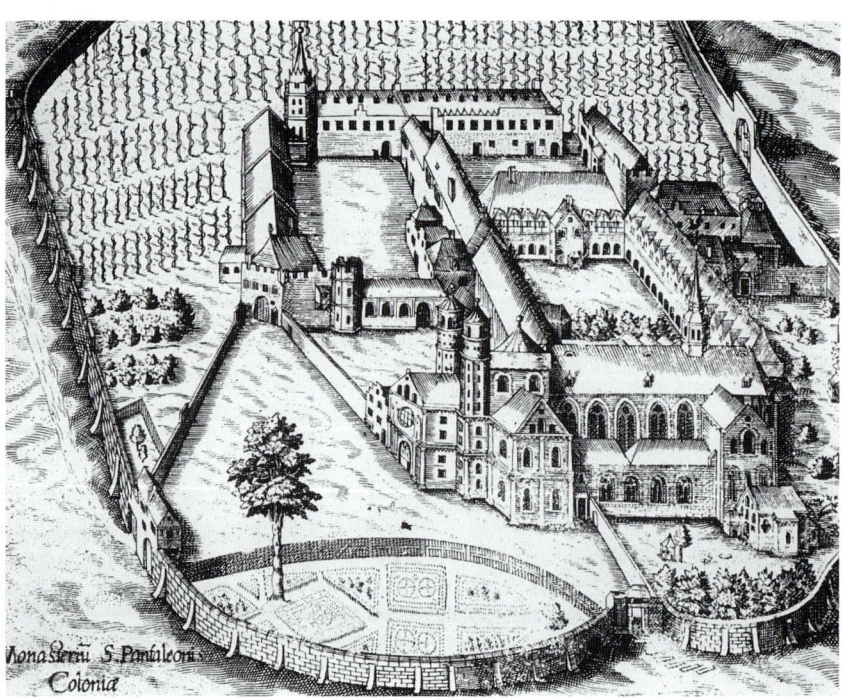

Monasterii S. Pantaleonis
Colonia

immun. Geht man durch das kleine Törchen an der Straße Am Pantaleonsberg, dann merkt man beim Hinaufsteigen der Treppe, dass das Kloster auf einer kleinen Anhöhe liegt. Auf diesem Hügel im Südwesten der römischen Stadt war einer der Bauernhöfe zur Versorgung des römischen Köln. Erzbischof Bruno (955–965) gründete hier ein Benediktinerkloster und bestimmte es zu seiner Grablege. Nach seinem frühen Tod 965 wurde der wohl als Grabbau gedachte achteckige Zentralbau aufgegeben (Markierung im Pflaster vor der Kirche), denn Bruno wurde in der Kirche bestattet. Sein Grab ist in der Unterkirche. Die 980 geweihte Abteikirche war ein Saalbau, der im Osten von zwei Annexbauten mit Apsis begleitet wurde. Der im Mittelschiff erhaltene Saalbau Brunos, der ein Bruder Kaiser Ottos I. war, weist mit 11,80 Metern Breite eine für das 10. Jahrhundert ungeheure Dimension auf und ist nur in der Nachfolge kaiserlicher Pfalzsäle zu verstehen. Auch die nächste Bauherrin war ein Mitglied der kaiserlichen Familie: Kaiserin Theophanu, aus Byzanz stammende Gemahlin Kaiser Ottos II. und Mutter Kaiser Ottos III., die 991 hier beigesetzt wurde. Sie ließ den monumentalen Westbau mit dem hohen quadratischen Mittelbau und den seitlichen Treppentürmen errichten. Im Westen waren eine hohe Vorhalle und seitlich ist je ein Annexbau angefügt. Im 12. Jahrhundert erst wurden die Seitenschiffe gebaut. Das Westwerk ist im Inneren bis heute beinah zur Gänze original erhalten, das Äußere dagegen wurde im späten 19. Jahrhundert verändert wieder hergestellt. Unser Titelbild zeigt den Blick durch den schön profilierten gotischen Torbogen, der nach dem Zweiten Weltkrieg vom Haus Sternengasse 3 (siehe S. 20/21) hierhin versetzt wurde.

St. Pantaleon. Mittelschiff nach Osten. Ehemalige Saalkirche des 10. Jahrhunderts. Obergadenfenster 1620-22. Lettner von 1503. Orgelprospekt von 1652. Seitenschiffe 4. Viertel 12. Jahrhundert.

Das Griechenmarkt-viertel

Jenseits des Rothgerberbaches verraten die Straßennamen *Alte Mauer am Bach* und *Mauritiussteinweg*, dass hier die Mauer der römischen Stadt zu finden ist, in deren Südwestecke im Mittelalter die Griechenpforte als Durchfahrt zum Pantaleonskloster gebrochen wurde. Rothgerberbach und anschließendes Griechenmarktviertel gehören zu den positiven Beispielen des Aufbaus von Köln nach dem Zweiten Weltkrieg und zeigen sehr deutlich das Konzept von zwei Maßstäben, die Rudolf Schwarz nennt: „die Verkehrsbänder aus dem der schnellen Wagen und die Stadtstädte aus dem der Fußgänger, die einen waren linear entwickelt und mit hohen Gebäuden bestellt, welche in weiten Abständen an ihren Rändern standen, denn der Fahrverkehr rafft die Entfernungen, und die anderen räumlich aus dem Netzwerk der Gassen". Das Verkehrsband des Rothgerberbaches mit den gestaffelten Punkthochhäusern steht für den einen Maßstab und das durchgrünte Griechenmarktviertel mit seinen niedrigen Wohnhäusern in Zeilen- oder Blockrandbebauung für den anderen. Ihre Schlichtheit zeigt jene Sachlichkeit, wie sie sich in der 1. Hälfte des 20. Jahrhunderts im Gegensatz zum Historismus des 19. Jahrhunderts entwickelte.

Blick auf das Griechenmarktviertel, links Mauritiussteinweg, rechts Thieboldsgasse. Dazwischen ist der Verlauf der römischen Stadtmauer freigelegt.

St. Mauritius

B ei dieser Kirche kann die Trauer über Verluste voll ausgelebt und gleichzeitig die Freude am Neuen erlebt werden. Die Trauer gilt zunächst dem Verlust der romanischen Kirche, die 1135–41 als erste gewölbte Kirche in Köln für eine doppelte Funktion gebaut wurde: im Westen für Benediktinerinnen und im Osten für die Pfarre. Sie war eine dreischiffige Pfeilerbasilika mit Westturm und drei östlichen Apsiden mit zwei schlanken Chortürmen. Eine große Spende des Kölner Bürgers Nikolaus Frank gab 1856 den Anstoß zum Neubau, für den er Vincenz Statz bestimmte, der mit der 1861–64 entstandenen Kirche einen seiner wichtigsten neugotischen Sakralbauten verwirklichen konnte: eine dreischiffige Backsteinbasilika mit Westturm und polygonalem Ostchor mit Zwickelkapellen. Der Zweite Weltkrieg beschädigte auch diesen Bau. Für einen am Original orientierten Wiederaufbau aber war das Bewusstsein seiner Bedeutung noch nicht reif. So konnte, bei Erhaltung des Turmes, Fritz Schaller 1956/57 in den erhaltenen Umfassungsmauern eine spannende Neugestaltung schaffen, die mit gotisierenden Elementen wie eine Hommage an die Neugotik wirkt und bei Kenntnis des Vorgängerbaus wichtige Teile seines Grundrisses erlebbar macht.

In die erhaltenen Umfassungsmauern der neugotischen Kirche St. Mauritius von Vincenz Statz (1861-64) baute Fritz Schaller 1956/57 seine schöne Neugestaltung.

St. Aposteln

Vor Überquerung der Hahnenstraße zum Apostelkloster sollte kurz innegehalten und die schöne städtebauliche Grunddisposition betrachtet werden. Der westliche Teil des großen Ost-West-Durchbruchs (siehe S. 20), die Hahnenstraße, wurde bereits ab 1948 mit einem neuen städtebaulichen Konzept von Rudolf Schwarz und Wilhelm Riphahn bebaut. Anstelle der geplanten Korridorstraße des Dritten Reiches entstanden Pavillonbauten, die an der Südseite von mehrgeschossigen Häusern in Kammstellung gerahmt werden. Die Nordseite zeigt, insbesondere vor St. Aposteln, eine bewusste Rücknahme der Bauhöhe. Der nicht immer optimale Erhaltungszustand der Pavillons und vor allem die allgemeine Verkleisterung mit Werbung sollte nicht den Blick auf die außergewöhnliche städtebauliche und architektonische Qualität der Hahnenstraße versperren.

St. Aposteln von Süden mit Langhaus und Westquerhaus (1021-36), Westturm (nach 1150) und Dreikonchenchor mit Vierungsturm (um 1200). Davor die bewusst niedrig gehaltene Nachkriegsbebauung der Hahnenstraße.

Die ehemalige Herrenstiftskirche St. Aposteln liegt, vergleichbar St. Andreas und St. Georg, direkt vor einem römischen Tor, dem Westtor. Erzbischof Pilgrim baute 1021–36 den heute noch vorhandenen Monumentalbau einer doppelchörigen, dreischiffigen Basilika mit ausladendem Westquerhaus, das er als seine Grabstätte vorsah. Der den Aposteln geweihte Hauptchor

über einer Krypta lag im Westen, der Ostchor war der Gottesmutter Maria geweiht. Die Bezugnahme auf den doppelchörigen Alten Dom mit dem Hauptchor für den hl. Petrus im Westen und dem der Gottesmutter geweihten östlichen Chor scheint ebenso deutlich zu sein, wie die Dimension des Neubaus von St. Aposteln das Vorbild von Dom und St. Pantaleon erkennen lässt. Die große Bauphase der Kölner Kirchenarchitektur in staufischer Zeit ging auch an St. Aposteln nicht spurlos vorüber. Nach 1150 wurde der überaus massive Westturm errichtet, der vielleicht bereits als Teil einer Turmlandschaft konzipiert war, die mit dem Neubau des Ostchores um 1200 folgerichtig weitergeführt wurde und auch ihm danach erst das oberste Giebelgeschoss einbrachte. Anstelle des relativ bescheidenen rechteckigen Marienchores des Pilgrimbaus entstand, vielleicht nach einem Brand von 1192, der Dreikonchenchor mit dem bekrönenden Achteckturm über der Vierung und zwei begleitenden Achtecktürmchen. Diese wachsen aus den Zwickeln der Chorkonchen heraus, sind aber mit ihnen durch die durchgehende Gliederung der Gesimse, Blendbögen und Zwerggalerien zu jener Einheit verbunden, die diese *klassische* Chorfassade in ihrer Wirkung auf den Neumarkt so harmonisch erscheinen lässt.

Der Neumarkt mit der beherrschenden Chorfassade von St. Aposteln, deren turmbekrönter Kleeblattform der massive Westturm, der so genannte „Apostelklotz", antwortet.

2

Apostelnstraße,
St. Apernstraße

Der Römerturm an der Nord-
westecke des römischen Köln mit
Blick auf den Dom, dessen
nördliche Langhauswand den
Verlauf der römischen Stadtmauer markiert.

D ie römische Stadtmauer, vor deren Westtor St. Aposteln liegt, wurde als östliche Mauer des Stiftes weiter genutzt und erst nach der Säkularisation beseitigt. An der Ostkonche von St. Aposteln zeigt die dort vermauerte Tür, deren Schwelle etwa 5,50 Meter über der Straße liegt, einen alten Zugang zum Chor, den die Stiftsherren über die Römermauer erreichen konnten. Zieht man in Betracht, dass das römische Niveau heute etwa 2,30 Meter tiefer liegt, wäre die Römermauer etwa 7,80 Meter hoch gewesen. Der weitere Weg durch die lebendige Apostelnstraße und die St. Apern-straße geht parallel zur Römermauer, deren ur-sprünglicher Verlauf innerhalb der rechts angren-zenden Häuser ist. An der Breite Straße ist im Pflaster der Standort des ehemaligen Ehrentores sichtbar gemacht und durch eine im Boden einge-lassene Bronzetafel markiert. An der Ecke zur He-lenenstraße steht ein Halbturm der römischen Befestigung (*Helenenturm*) und schräg gegenüber erinnert der kleine Platz hinter dem Kreishaus mit einem Brunnen-Denkmal an den Standort des Jüdischen Gymnasiums Jawne, dessen Lehrer und Schüler fast alle im Dritten Reich ermordet wurden. Der nordwestliche Eckturm des römischen Köln an der Ecke zur Zeughausstraße blieb dank der etwas *anrüchigen* Tatsache stehen, dass er im 14. Jahr-hundert bei der Errichtung des Klarenklosters als Toilette dienen konnte. Das Haus Am Römerturm 3 birgt noch einen großen gewölbten Klosterkeller.

St. Gereon

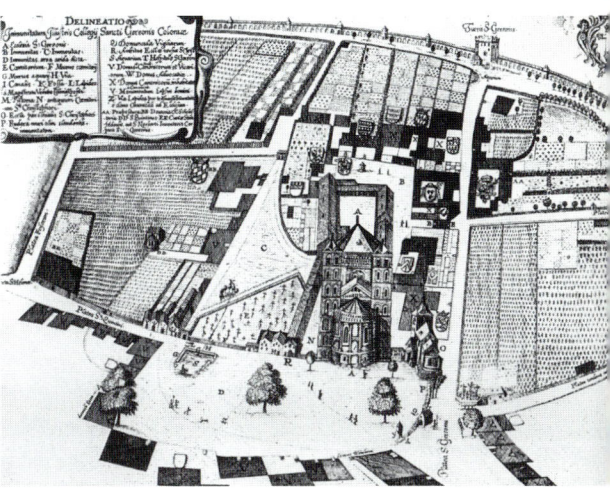

Die schmale Steinfeldergasse, die nach einem früher der Abtei Steinfeld in der Eifel gehörenden Hof benannt ist, führt nach St. Gereon, einem der ehemals reichsten und vornehmsten Herrenstifte, das ebenfalls in der Säkularisation von 1802 aufgehoben wurde. Seither ist auch St. Gereon Pfarrkirche, während die Christophstraße den Namen der abgebrochenen kleinen Pfarrkirche tradiert. Auf den großen Platz Gereonsdriesch, um den seit dem Mittelalter die Häuser der Stiftsherren von St. Gereon standen, wurde 1901 die Mariensäule versetzt. Ganz entgegen ihrer seither romantisch-zurückgezogenen Aufstellung war sie bei ihrer Einweihung 1858 als kirchenpolitisches Monument mitten auf der Gereonstraße postiert worden. Das neugotische Denkmal entwarf Vincenz Statz, die Figuren schufen Gottfried Renn und Peter Fuchs nach Entwürfen Eduard von Steinles.

Der Eingang von St. Gereon liegt am Gereonskloster. Hier befanden sich Kreuzgang und Stiftsgebäude, deren Grundriss auf dem Platz markiert ist. Den westlichen Abschluss bildet das neugotische Stadtarchiv (1893–97 von Friedrich Carl Heimann). Die Wohnbauten des Platzes zeigen wie eine Musterkarte die verschiedenen Bauformen vom schlichten und niedrigen früheren 19. Jahrhundert, dem hochgezonten und ornamentreichen späten 19. Jahrhundert

Das ehemalige Herrenstift St. Gereon aus der Vogelschau nach einem Kupferstich von 1646. In der Mitte die Stiftskirche mit dem westlich gelegenen Kreuzgang. Rechts davon die Pfarrkirche St. Christoph. Im Vordergrund der Gereonsdriesch, um den sich die Häuser der Stiftsherren gruppierten, links die schmale Steinfeldergasse. Oben die Stadtmauer von 1180-1220 mit dem Gereonstor.

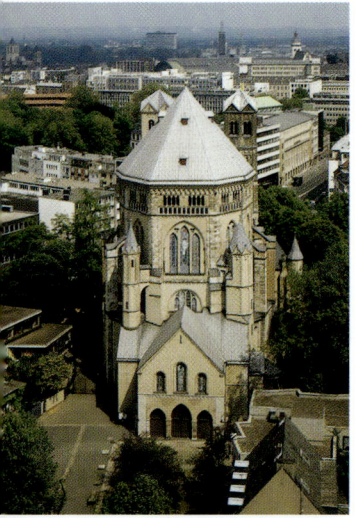

St. Gereon (4.-13. Jahrhundert)
von Westen (oben) und von Osten
(unten).

über die schlichten und wieder niedrigen 1950er-Jahre zu den auffallend gestaffelten 1970er-Jahren. St. Gereon ist der älteste Bau unter den Kölner Kirchen. Lange hielt sich die Überlieferung, dass die Mutter Kaiser Konstantins, die hl. Helena, zu Ehren der Thebäischen Märtyrer und ihres Anführers Gereon am Beginn des 4. Jahrhunderts diesen prachtvollen ovalen Zentralbau mit Atrium, Vorhalle und angefügten gewölbten Nischen erbaut habe. Die Ausgrabungen aber zerstörten diese Legende. Zusätzlich wurde Gereon als legendärer Heiliger in der offiziellen Heiligenliste gestrichen. Dies wog umso schwerer, als Gereon und die ebenfalls nur legendäre hl. Ursula die Kölner Stadtpatrone sind. Für die ungewöhnliche Baugestalt der Kirche St. Gereon aber ist diese Legende prägend gewesen und hat einen der aufregendsten Sakralbauten geschaffen.

In römischer Zeit war hier ein Friedhof. Der aus dem letzten Viertel des 4. Jahrhunderts stammende monumentale Kuppelbau mit den heute noch weit gehend original erhaltenen je vier Nischen im Norden und Süden und ehemals einer größeren halbrunden Apsis im Osten war vermutlich der Grab- oder Memorialbau reicher Römer. Die Ausstattung dieses Baus mit wahrscheinlich figürlichen Mosaiken war außerordentlich prächtig. Dies lässt sich aus der bewundernden Beschreibung der ersten überlieferten, schriftlichen Nachricht durch Bischof Gregor von Tours (um 540–594) schließen und durch die Funde von Mosaikwürfeln im Bauschutt beweisen. Nach dem Ende der Römerherrschaft (455) wurde Köln Hauptsitz der ripuarischen Franken, die die vorhandenen Bauten weiternutzten. Dieser prachtvolle römische Zentralbau wurde erstmals bei Gregor von Tours als Kirche der Thebäischen Märtyrer erwähnt. Erst danach entwickelte sich die Namen gebende Legende von ihrem Anführer Gereon und seinem Kollegen Mauritius. Der römische Zentralbau wurde Begräbniskirche fränkischer Könige und ist seit dem 9. Jahrhundert als Chorherrenstift erwähnt. Über einer Krypta entstand 1060–62 ein erhöhter Langchor, dessen Chorhaupt aber bereits 1151–56 unter Erzbischof Arnold von Wied durch die reich gegliederte Apsis mit den beiden Türmen über der erweiterten Krypta ersetzt wurde. Von der damals entstandenen Gesamtausstattung des Chores sind bedeutende Reste der Ausmalung und des Mosaikbodens (neu verlegt in der Krypta) erhalten. Nach dem Bau der Confessio 1190, in die die zahlreich gefundenen Gebeine der als Thebäi-

sche Märtyrer interpretierten Toten des römischen Friedhofs in drei großen Steinsarkophagen gebracht wurden, erhielt der antike Zentralbau ein neues „Stützkorsett". Der durch die Legende als Gründung der hl. Helena geheiligte Ovalbau wurde 1219–27 durch Ummantelung zum Zehneck (Dekagon), das mit einer hohen und völlig einzigartigen Kuppel geschlossen wurde. Von der originalen, malerischen Innenausstattung des Dekagons gibt die 1230/40 entstandene Ausmalung der Taufkapelle eine Vorstellung.

Im Innenraum von St. Gereon der Blick aus dem zehneckigen Zentralraum (Dekagon) in den Langchor und die Apsis. Farbfenster von Georg Meistermann.

2

Erzbischöfliches Haus und Priesterseminar

St. Petrus Canisius. Kirche des Erzbischöflichen Priesterseminars, 1957/58 von Hans Schumacher in Zusammenarbeit mit Willy Weyres. Fenster von Wilhelm Buschulte 1959-62. Börsenbrunnen von Heribert Calleen 1964 („Eine Hand wäscht die andere").

Nachdem die Preußen das Kölner Erzbistum wieder errichtet hatten, bezog der Erzbischof 1824 das barocke Palais (1758) des Bürgermeisters Balthasar von Mülheim an der Gereonstraße. Nach der Beschädigung im Zweiten Weltkrieg entstand auf dem großen Grundstück nicht nur das neue Erzbischöfliche Haus, wie es nach dem Willen von Kardinal Frings ausdrücklich anstelle von Palais heißt, sondern auch das Priesterseminar mit dem großen Sakralbau St. Petrus Canisius. Architekt der mit Sichtmauerwerk aus Backstein und Gliederungselementen aus Sichtbeton bewusst schlicht angelegten Mehrflügelanlage, die sich um Innenhöfe gruppiert, war nach einer Wettbewerbsentscheidung von 1955/56 Hans Schumacher, der die große Baumaßnahme 1956–58 in Zusammenarbeit mit Dom- und Diözesanbaumeister Willy Weyres ausführte.

Die Backsteinkirche dominiert die Westseite des Börsenplatzes. Ihre in einen gläsernen Triumphbogen eingestellte Apsis erinnert in ihrer vertikalen Monumentalität sicher nicht zufällig an Großbauten, wie sie aus römischer Zeit in ihrer Rohbauform überkommen sind. Die architektonisch so wirkungsvoll eingesetzten Glasfenster sind von Wilhelm Buschulte.

St. Maria Ablaß

Natürlich war und ist Köln eine Stadt der Wallfahrten und Prozessionen. Auch wenn die Via Sacra keine kirchliche Institution ist, so sind doch große Teile davon alte Prozessionswege. So ging eine der größten und politisch wichtigsten Prozessionen 1075 wie eine Reliquienprozession als Leichenzug des Kölner Erzbischofs Anno II. acht Tage lang durch die Stadt: vom Dom nach Groß St. Martin, St. Maria im Kapitol, St. Cäcilien, St. Georg, St. Severin, St. Pantaleon, St. Aposteln, St. Gereon, St. Andreas, St. Ursula, St. Kunibert, St. Maria ad gradus, nochmals zum Dom, dann nach St. Heribert in Deutz und St. Michael in Siegburg, wo er beigesetzt wurde.

Über die schon im Mittelalter sehr breite Gereonstraße (siehe S. 6/7) ging als eine der bedeutendsten Prozessionen die *Kölner Stadtwallfahrt*, die am Palmsonntag vom Dom nach St. Gereon führte, wo die Palmenweihe erfolgte. Danach verkündete der Erzbischof in der zum Ursulastift gehörenden Pfarrkirche St. Maria die bewilligten Ablässe, weswegen sie St. Maria Ablaß genannt wurde. Nach der Säkularisation, als auch die Stiftskirche St. Ursula als Pfarrkirche erhalten blieb, wurde St. Maria Ablaß bis auf die erhaltene Liebfrauenkapelle aus der 1. Hälfte des 15. Jahrhunderts abgebrochen.

Von der 1808 abgebrochenen Pfarrkirche St. Maria Ablaß blieb nur die für ein Gnadenbild errichtete Liebfrauenkapelle von 1431-67 erhalten, auf die dann der Name der Kirche überging.

St. Ursula

D er Weg durch die Kardinal-Frings-Straße führt vorbei am Erzbischöflichen Maternushaus (1978–83 von Hans Schilling und Peter Kulka) und durch Überquerung der Victoriastraße zur Eintrachtstraße und zu St. Ursula. In dieser ehemaligen Damenstiftskirche kulminiert die für die Stadtentwicklung so wichtige Reliquien-Verehrung, der die architektonische Prachtentfaltung der Kirchen zu verdanken ist. Eine Inschrifttafel in St. Ursula, die um 400 datiert wird, spricht zusätzlich für das früh entwickelte Kölner Selbstbewusstsein, denn darin wird davon berichtet, dass aus dem Osten des römischen Reiches der Senator Clematius „durch die sehr große Kraft der Majestät des Martyriums der himmlischen Jungfrauen" nach Köln geholt wurde, um „auf eigene Kosten" ihre Kirche zu erneuern. Tatsächlich war der Gründungsbau des 4. Jahrhunderts auf dem römischen Nordfriedhof entstanden, dessen Überreste der Legende von Ursula und den 11 000 Jungfrauen die reale Grundlage gab. Der vorhandene Bau von 1106–35 ist eine dreischiffige Pfeilerbasilika mit Emporen, östlichen Querarmen und einem turmgekrönten doppelgeschossigen Westbau. Der romanische Langchor mit halbrunder Apsis wurde im letzten Viertel des 13. Jahrhunderts durch einen gotischen „Glasbau" ersetzt. Als *begehbarer Reliquienschrein* entstand am Westende des später angefügten, zweiten südlichen Seitenschiffes die Goldene Kammer (siehe S. 3). Das 17. Jahrhundert zierte den Turm mit der städtebaulich so signifikanten Krone (der englischen Königstochter Ursula).

Blick aus dem romanischen Langhaus von St. Ursula in den gotischen Chor, dessen elf Fenster den architektonischen Bezug zu den 11 000 Jungfrauen herstellen.

Eigelstein – Unter Krahnenbäumen

Der neu gestaltete Spielplatz am Chor von St. Ursula.

Die Eintrachtstraße, deren südlicher Teil nach dem Tod des in Köln so sehr beliebten Kardinal Frings (1978) nach ihm benannt wurde, und die Straße Unter Krahnenbäumen, in Köln kurz UKB genannt, beschreiben auch heute noch sehr exakt jenen Viertelkreis, den die Stadterweiterung von 1106 nahm (siehe S. 6/7, 9, 26) und die den nördlichen Teil der Via Sacra vorzeichnet. Von St. Ursula aus bietet sich aber der Weg über den Eigelstein an, den nördlichen Teil der römischen Nord-Süd-Achse. Zunächst jedoch gilt ein Blick dem Ursulaplatz, wo das barocke Äbtissinnenhaus für die Bebauung in den 1950er-Jahren den Maßstab gab. Ähnlich wie in der Kartäusergasse sollte die nunmehr erfolgte Neubewertung der Wohnhäuser des 19. Jahrhunderts nicht zu einer unkontrollierten Aufstockung dieser Nachkriegsbauten führen. Erfreulicherweise wurde vor kurzem die Ecke zur Straße Am Salzmagazin mit einem Kinderspielplatz geordnet, der den Blick auf den Chor von St. Ursula gewährt. Dann aber wird es sehr finster im wahrsten Sinne des Wortes, denn der gesamte Bereich der Bahnunterführung gehört zum städtebaulichen Schreckenskabinett der Stadt. Auch der Eigelstein besticht nicht etwa durch große architektonische Qualität. Allerdings erhielt seine seit jeher verbürgte Lebendigkeit durch die Ansiedlung zahlreicher türkischstämmiger Kölnerinnen und Kölner jenes bezaubernde Kolorit, das vor allem auch die Weidengasse zu einem kulinarischen Geheimtipp in Köln macht.

Machabäerstraße und Ursulinenkirche

Fassade der Ursulinenkirche Corpus Christi, die 1709-12 nach Plänen von Matteo Alberti gebaut wurde. Die jüngste Renovierung orientierte sich wieder an der von Johann Peter Weyer überlieferten Zeichnung.

Zwischen der Machabäerstraße und Unter Krahnenbäumen stand am Eigelstein einst das Benediktinerinnenkloster St. Makkabäer, auf das eine Tafel sowie eingemauerte Reste an der Turiner Straße hinweisen. Dieser nördliche Teil der Nord-Süd-Fahrt (siehe S. 20/21, 30), wurde als letztes durchgeführt und weiß offensichtlich nichts mehr von R. Schwarz' Konzept, wie die jüngsten Baumaßnahmen zeigen. Besonders ärgerlich ist auch der Übergang zur Straße Unter Krahnenbäumen und deren weiterer Verlauf, so dass der Weg der Via Sacra über die Machabäerstraße empfohlen sei. An ihrer Ecke steht die 1912/13 errichtete evangelische Kreuzkirche mit großer Kreuzigung (nach Rembrandt) am Brandgiebel.

Das Ursulinenkloster zur Unterrichtung von Mädchen wurde durch die 1639 aus Lüttich gekommene Anna Maria de Heers gegründet. Die Kirche Corpus Christi, 1709-12 nach Plan von Matteo Alberti errichtet, orientierte sich an den streng gegliederten venezianischen Saalkirchen in der Nachfolge Palladios. Die jüngste Renovierung modifizierte den Innenraum, der durch den Aufbau der Nachkriegszeit geprägt war. Hier fand jetzt auch der zwischenzeitlich in St. Gereon aufgestellte barocke Kolumba-Altar eine neue Heimat.

St. Kunibert

Als letzte der großen romanischen Kirchen in Köln entstand in der 1. Hälfte des 13. Jahrhunderts der Neubau der Herrenstiftskirche St. Kunibert und auch als letzte dieser Kirchen wurde sie nach den starken Beschädigungen des Zweiten Weltkrieges bis 1993 wieder hergestellt, nachdem der 1981 gegründete Förderverein Romanische Kirchen Köln e.V. den entsprechenden Anschub dazu gegeben hatte. Gerade mit Bezug auf die unvergleichliche architektonische und städtebauliche Vielfältigkeit der Kölner Romanischen Kirchen war die kunsthistorische Forderung nach dem Wiederaufbau auch des Westquerhauses mit Turm gerechtfertigt. Dieser westliche Teil der Stiftskirche hatte einst die Pfarrfunktion inne.

Der seit etwa 1215 errichtete Neubau der dreischiffigen, gewölbten Basilika mit doppeltürmigem Chorhaupt über einem kryptenartigen Brunnenraum und mit breit ausladendem Westquerhaus wurde 1247 geweiht und erhielt bis 1261 den Westturm. Das Fehlen ausreichender Fundamente für diesen Turm und die jahrhundertelangen Bauprobleme mit ihm legen den Schluss nahe, dass er möglicherweise nicht von Anbeginn geplant war und erst nachträglich zugefügt wurde. Der Aufbau seit 1982 nach der Planung von Leo Hugot hat diesen ursprünglichen *Fehler* nur durch eine massive Verstärkung der Trag-

Die ehemalige Stiftskirche St. Kunibert, 1. Hälfte 13. Jahrhundert, wurde nach schwerer Kriegsbeschädigung bis 1993 wieder aufgebaut.

konstruktion mit bedauerlichen Einschnürungen im Inneren beheben können. Auch die farbliche Angleichung an die zurückhaltende Innengestaltung der ersten Wiederaufbauphase von St. Kunibert durch Karl Band in den 1950er-Jahren vermag dies nicht zu mildern. Wie die farbige Gesamtausstattung des Mittelalters die Innenarchitektur belebte, vermögen die erhaltenen Wandmalereien in der Taufkapelle vermitteln, insbesondere aber die romanischen Farbfenster des Chores. Dies sind die ältesten erhaltenen Glasfenster in Köln, deren kräftiges Kolorit etwas von der einst prachtvollen Farbgebung im Innenraum ahnen lässt.

Der Platz An der Linde konnte im Rahmen einiger Verbesserungen, die im Zuge des Jahrs der Romanischen Kirchen 1985 geplant wurden, neu gestaltet werden und stellt so einen durchaus positiven Abschluss der Via Sacra dar, die selbstredend auch von St. Kunibert bis St. Severin gegangen werden kann.

Die Verkündigungsgruppe von 1439 an den Vierungspfeilern von St. Kunibert.